# NÄR DET SLUTAT SNÖA

YLVA SILVERBERN

Av Ylva Silverbern har tidigare utgivits

Alltidhult i Jämshögs socken – En Blekingebygd under 300 år (2017)

Vingar och Verser (2020, tillsammans med fotograf Eva Kronvall)

Asta Janssons testamente och andra berättelser från glesbygden (2022)

Häxa & ängel (2023)

Byarna över sjöarna Del I (2024)

Tänker på regn (2024)

© Ylva Silverbern 2025
Förlag: BoD · Books on Demand,
Östermalmstorg 1,
114 42 Stockholm, bod@bod.se
Omslag: Jörgen Midander
All kopiering är enligt lagen om
upphovsrätt förbjuden
utan författarens tillstånd.
ISBN: 978-91-8097-070-9
Tryck: Libri Plureos GmbH,
Friedensallee 273,
22763 Hamburg, Tyskland

# Teman

# Årstid

När det slutat snöa
smyger tystnaden
in under huden
fyller oss lugnet
i en början eller slut

utsikten slumrar
med mjuka konturer
ovisst
om allting finns kvar

vi stelnar
i snöängelns frostiga blick
vingarna glittrar och glänser

okända spår leder bort
mot en utkant
vi aldrig har sett

vi tvekar
medan rådjuren närmar sig
beredda att ta över

Vintern karvar djupt
blottade sår
snålvindstårar
kallfrontskårar

rinner
kryper
forsar
ner i djupa
skyttegravars dunkla rum
delade
med fukt och råttor
munnen
fylls av jord

norrskensgrönt i ögon
vadmalsgråa tankar
piskar
framtid
forntid
samman

Vintergryning gnuggar natt ur öga
långsamt lockas ljus ur hav

dagen fylls av början
viljan väcks av vind

möjligheter brusar vitt i vågor
tanken tränger upp ur jord

allt är inom räckhåll
gränser bleknar bort

Spillkråkan spiller
sitt skratt över våren
som om vintern
varit ett skämt

tanken trasslar ut sitt hår
solen andas honung
träden tinar upp

fötter finner stigar
utan särskild riktning
eller mål

dricker regn
sjunger jord
skrattar grönt

Den galne ekorren gör mig glad
planlöst
överlever han
dag efter dag
år efter år

irrande       virrande

klättrande              bättrande
              sittande

tittande                hittande

              tallande          fallande

kottande                spottande

              barrande

darrande                tvekande

              lekande


jag undrar var han sover
eller
föds han på nytt varje morgon

Lommen bor i min längtan
sträcker ut
över insjöns svärta
drömmarna speglas
i hemliga rum

känn
porsens skimmer
i naken hud

andas in
låt blodet dricka allt syre
bli yr av att alls finnas till
andas ut
all ånger och lögner
alla ord som blev blottlagda sår

andas in
utan frågor om mening
och fyll ditt glas med sekelrött vin

Juninatten vakar
över sommardrömmens ljus
fladdrar vit gardin
blommande jasmin
dövar sinnet
som ett ädelt vin
skänkt ur evighetens krus.

Stilla dig sommar
låt lugnet födas
i undantagsregn

lämna stunderna öppna
utan reglar och lås

se spindlarnas saktmod
förvandlas till nät
sniglarnas stig
mot ingenstans mål

låt dagarna mogna
ge lusten och längtan ett rum

En dag är det oktober

jag anar
att sommaren är slut

springer ut
för att
surra med humlan
fladdra med fjärilen
skratta med spillkråkan
tåras med trasten
men ingen är kvar

ingen alls
som kan dela
mitt minne av sommaren
och göra den trolig

Jag kan fånga molnen
med min blick
fylla dem med regn och snö

motvindsskurar
plogsvängsmurar

jag kan susa skogen
med min röst
viska genom blad och barr

stormnattsvrålen
granrotshålen

jag kan hålla havet
i min hand
känna sältan i mitt liv

kallsupssmaken
likbleksnaken

# Vargtid

När det slutat snöa
söker mina vargar
tillflykt
bortom flykten
utan bakhåll

de spårlösas flykt
de hemlösas flykt

i den blinda tystnaden

vässar tänder
släcker ögon

grått mot vitt
mitt mot ditt

håller det ljudlösa under skinnet
mellan närvaron och tillvaron
sluter cirkeln i månljus

Jag syr ihop mitt liv
tvinnar trådar
av nervernas trassel
tråcklar planer av sammet
väver drömmar av siden
döljer min ylande varg

döljer mitt namn
sköljer ansiktet rent
väntar
att snön ska falla
över minnen
över drömmar
delade
av ingen

att skymning ska falla
över lögner
över sanning

klädd som en drottning
härskar jag över natten

Gryningstimme
vargtimme
smidiga grå skuggor
rovlystna ögon
omedvetet målmedvetna

med öppna käftar
mot min strupe

med glupska ögon
in i blodet

det är nu jag förvandlas

förvargas

tillsammans ylar vi vår längtan
och månen rinner ut i havet

på andra sidan mörkret
somnar jag med pälsen våt av svett

Mina kroppar kommer och går
genom natt
genom snö
talar
sällan med varandra
möts
när vargarna sjunger

med sin sång
delar de mina kroppar
i blod och begär
i känslor och kött

Med mitt mörker fångar jag månen
håller kvar

krampen skär
genom senor och muskler
blodet bär syre och trots

mina vargar håller vakt
håller ut

kylan bränns
genom pälsar och hud
struparna blöder
i ensamhets tjut

varken tid eller rum
håller samman

dimensionerna vacklar
störtar
krymper
i rus

natten behöver
inte dagen

Bilden i spegeln är min
namnet på dörren är mitt

men
vems är
ormen runt min hals
vargen i mitt blod

orden ringlar
ur mun
ur hand
sanningar
skrivna i snö
som spår
av min varg

som sår
från en tid
när huden höll samman
vit
som nyfallen snö

jag ber

ge mig änglarna tillbaka

De kommer
för att döda mig
och mina grå kusiner

de har jeep och gröna jackor
det sprutar grus i kurvorna
de skrattar med buller
som man gör
när man har ett gevär

jag gömmer mig
i vita kläder
som en ängel
utan gud

mina grå kusiner
luktar blod
lyssnar död

grusrasslet bullerskratten
de vet vad det betyder

man kallar det skyddsjakt

men vem skyddar mig
och mina grå kusiner
mot de gröna jackorna
och de bullrande skratten i jeepen

Otid

När det slutat snöa
såg jag dem
hukande vid hörnet
blåsur blick
diad i grottor
trasiga skuldror
och halväten mun

kände jag doften
av vissnade viljor
snedgångna tankar
som slitit sig loss

jag minns
att vi tog deras namn
förvisade
dem till ett land
utan gräns
för att formas
till tystnad
och lydnad

när det slutat snöa
kom de tillbaka
utan land att försvara
utan namn att besvärja
med hämndhungrigt hat i sin blick

Nu kommer
de tysta, de starka, de stumma
nu kommer
de gömda, de frusna, de glömda
de kommer ur skuggan
och har inga drömmar
de kommer ur stenen
och har inga sånger
de har vant sig vid mörker,
tystnad och köld

de kommer
om natten de starka, de stumma
de kommer
med skräcken de frusna, de glömda
jag kan inte se dem
för ögonen brinner
jag kan inte nå dem
för tiden har stannat
de luktar av fuktiga pälsar och blod

Som en genomskinlig hinna
nästan som is
fast vi är
långt över fryspunkten
långt från längesedan
sanningar

knappt
förnimbara rörelser
längs gatorna
på torgen
där förlusterna kan räknas
i blod, pengar, tårar
aldrig i liv
sällan i död

segern skulle kosta på
vara mera smärtsam

inneslutna foster
väntar vi få födas
till en annan värld

Det luktar strömmande vatten
och nyregnad skog
i landet som är
av syre och sälta
av väte och vånda

där törsten släcks
med en kallsup av trots
där hungern väcks
av fruktan och makt

i landet som är
i skuggan av månen
är havet det öppna
och mänskorna slutna

endast insjön kastar blänk
i deras kantiga knytnävshjärtan

När det slutat snöa
försvann
vår vita andedräkt

med sorgflor
mötte vi varandra
mätte vi grader
som luktade bränt

vi flydde till grottor
blev djur
som de andra
med vassare tänder
och kallare blod

vi dyrkade ingen
våra gudar var döda
dränkta
av vanmaktens flod

vi slutade tala
när lögnen blev sanning
och sanningen lögn
när viljan att vilja
tog slut

# Mellanrum

När dina läppar
vant sig vid min sång

det frusna gräset
lämnat dina fötter

när vinden vänt
din väg mot min

den sista sorgen
grävt sin grav

ska jag falla

utan vapen
ska jag möta
dina händer
med mina

Det bor en ängslan
innanför huden
din hud
min hud

högt där uppe
svävar en hök

vi värjer oss
i vår ängslan

väntar

låter vingarna
växa sig starka

När det slutat snöa
väckte du mig
gick vi ut
på bara fötter
kände kylan
mot vår värme

i mörkret
såg vi vårdkasen på berget
fiender från alla håll
deras spjut
skar hål i mörkret
deras ord
klöv tiden
i ett då och sen

vår seger
blev en ström
av ögonblick
av nu
som aldrig sinar

den röda snön
finns ännu kvar

Vad ska jag göra med allt mitt blod

kan det ge dig mitt mod
värma dina händer
färga dina drömmar
eller
vill du dricka det i djupa klunkar
tills ditt hjärta svämmar över

Vi vet
när tiden är mogen
när det är dags att njuta
sekundernas sötma

låta vingarna smälta
i stundens hetta

störta mot havet

när du ropar mitt namn
simmar jag hem
häller vin
i din ensamhet
och ger dig nya vingar

Jag vill fånga tiden i min mun
ropa evigheten tillbaka
innan
morgonen öppnar sina ögon
och ser mig naken i din famn

Jag ser din verklighet
genom
en glipa i sanningen

de oroliga väderstrecken
de skamlösa vägskälen
den likgiltiga kompassen

ögonblicken forsar
genom ditt timglas
infallen virvlar
i ditt tvärdrag

i min värld
tänder månen stjärnorna
i din värld
släcker solen dem

Håller vår ytspänning
att gå på
eller
kommer vi att drunkna
i alla våra ord
sjunka
till ensamhetens botten
medan ytan
fryser till is

Jag vet att det är sorg
när jag hör mig skrika
ikapp med mig själv
men sorgen själv är tyst

ljuset
som strömmar
längs berget av minnen
drunknar i Lethe

jag fattas dina händer
jag fattas ditt namn

i glömskan
vill jag vakna
med nya ord
för saknad

medan vi sov
gick solen upp
någon annanstans

Jag har gömt mitt namn
i skogen
om du hittar det
före vargen
får du ropa mig hem
tända ljus
och berätta
om Rödluvans dröm

Jag har inga svar
jag letar i min mun
men den är lika tom
som ögonen och handen
du håller
så hårt
att orden går sönder

om du släpper taget
ska jag lära mig
att viska

I drömmen slåss jag mot stormen
i stormen slåss jag mot drömmen

din dröm är din
min dröm är min
bara stormen är din och min

jag lyssnar efter ett namn
kanske
var det mitt
som hördes
när dörren slog igen
och jag gick ut
ur drömmen
in i stormen

Jag hade mina skäl
även om det var
länge sedan

vintrarna var kallare då
och nätterna mörkare
jag försvann på stigen
som slukade mina fötter

jag tänkte ju
aldrig
komma tillbaka

Enrum

När jag bodde i skogen
blev träden mina systrar
de slog rot i mina fötter
stod kvar i mina stormar

stigarna slutade komma hem
då skymningen smög in
under huden

natten var bara en dröm
månen gled mellan sjöarnas ytor

Ingen vet
hur länge alltid varar
inte förrän
aldrig knackar på

men ljus
är ändå ljus
tills natten
går till anfall
mot evighetens lögn

Jag vill svepa in mig i havet
där vågorna blöder
av dagar som drunknat

nätterna väntar på stranden
oförmögna
att vrida klockan tillbaka

de bygger tystnad
lånar sitt mörker
till tiden

Mellan drömmen och natten
är jag en skugga
hungrar ord
törstar ljus
håller hårt
svänger sakta

träden
molnen
marken
får du ärva

men
ångesten är min

Jag gissar att världen
är på riktigt

solskenet känns varmt
regnet verkar vått

men
hur är det med månen
och vem har tystat snön

var hittar man sin saknad
hur stavar man kom hem

där ute
är det motvind
och ingen hinner fram

jag hoppas
på en ledtråd
vill tråckla världen hel

I mörkret är min skugga vit
en spökgestalt
som stannar
när jag stannar
som gråter
när jag gråter
utan att veta vägen
utan att känna sorgen

upprepar
det som dagen repat upp
som aldrig kan bli helt
och hållet sant
bara ett försök
bland alla de andra

Minnets förluster
förändrar det förflutna

mitt sträva slipas lent
mitt hårda knådas mjukt

villkorligt frigiven av glömskan
stannar jag
vid sanningens stup
sjunger jag mig fri
från mitt arv

Natten häller mörker
i havet

jag dricker sälta
tills månen är full

gör en gata av guld
mot horisonten

mina steg är fyllda
av förundran

Spritt, språngande galet
är livet
som frustande
befruktande
osentimentalt och skamlöst
vräker sig fram
utan en tanke på
konsekvenser
kompromisser
eller domedagens basuner

spritt språngande naken
står jag mitt i floden
och låter mig gungas
knuffas
föras
förföras
av detta vettlösa liv
som bara är

Ordrum

I dikten binder jag min rädsla
låter orden sjunka
i det bottenlösa havet

låter vågorna skölja
salt från sår
låter ansiktet renas
och kroppen bli hel

lyssnar till orden
som vore de någon annans

låter rädslan bo
i någon annans mun
i någon annans hav

Bara orden finns kvar
de svarta tecknen
på det vita bladet

orden som jag samlade
i ett nät av möjligheter
eller
var det orden
som samlade mig
till mitt liv

.

Tålamodet talar
till den
som mejslar ord
ur sten

jag kryper
över det ofruktbara

känner
kylan som dunstar

slickar
på den skrovliga ytan

smakar
hugger
vrider
vänder
slipar

bygger ett torn
med sikt åt alla håll

Det finns inga nya dikter
bara gamla
som någon sytt om

en trasig kavaj
blir en mager ballad

två avklippta ben
blir en femfotad jamb

en urvuxen kjol
får rimma på sol

medan
liket i garderoben
får svepas
i blankvers och psalmer

Dikten kommer
som en tjuv om natten

bryter upp lås
tar sig in

klär av mig
mitt mörker

tränger in
i min kropp

viskar ord
om frihet och fruktan
om begär och berusning

när gryningen kommer
är vi båda på flykt

Orden
sprider sig
långsamt

som gryningen
i mina ögon

som en dimma
av tankar
jag aldrig har tänkt

vecklar ut sig
genom hinnor och hud
genom senor och brosk

blandas i blodet
besegrar förnuftet

förklädda
till en dröm
jag aldrig har drömt

Händer
håller samman
fogar det ordlösa
till mening efter mening

talar
när tanken belägrats
när känslor begravts

håller samman historien
när sångerna tystnat

så håll mina händer
när elden har falnat
när kyla och mörker
är allt som finns kvar

Utanför undanflykten
bygger jag en brygga
av tålamod och tid

orden färdas långsamt
hittar sina ursprung
flyktiga och sköra

smälter på min tunga
som kyssar eller snö

bildar tankar
längs vindlande vägar
försonas
förångas

blir doftande minnen
som rosor utan tagg

När det slutat snöa
måste orden viskas
landa
i det vita

vänja sig
vänja mig
vid
kristallernas logik

mogna

spränga skal och hölje

hitta hem
till fuktig fruktsamhet
i körsbärsträdets krona